SNOOPY

DER MEISTERGOLFER

VON CHARLES M. SCHULZ

CARLSEN

SNOOPY TASCHENBÜCHER im Carlsen Verlag
Lektorat: Andreas C. Knigge
1. Auflage November 1989
© Carlsen Verlag GmbH · Hamburg 1989
Aus dem Amerikanischen von Wolfgang J. Fuchs
SNOOPY AS THE SCOURGE OF THE FAIRWAYS
Copyright © 1989 by United Feature Syndicate, New York
Lettering: Dirk Rehm
Druck und buchbinderische Verarbeitung:
Elsnerdruck, Berlin
Alle deutschen Rechte vorbehalten
ISBN 3-551-72158-0
Printed in Germany

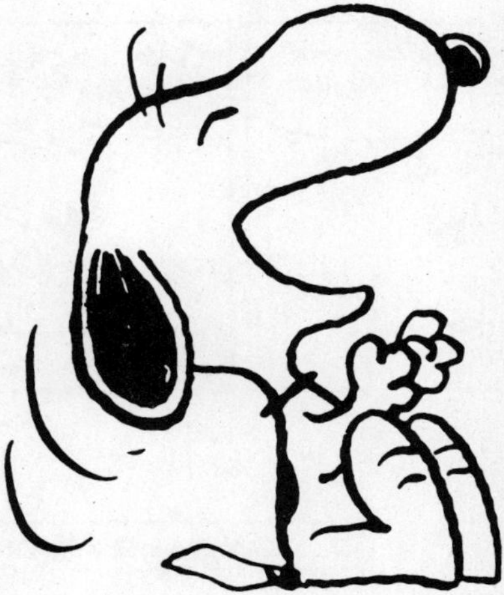

PEANUTS
HIER BEKOMMT DER WELTBERÜHMTE GOLF-PROFI SEINE EINLADUNG ZUM MASTERS-TURNIER.
4-8
AH, WAS FÜR EIN ERHEBENDES GEFÜHL! GEORGIA IM FRÜHLING!
ICH KANN MICH SCHON AM ERSTEN ABSCHLAG STEHEN SEHEN...
NORMALERWEISE WERDEN BEAGLE FAST NIE ZUR TEILNAHME AM MASTERS-TURNIER EINGELADEN...
SCHULZ

PEANUTS
HIER FLIEGT DER WELTBERÜHMTE GOLF-PROFI MIT SEINEM PRIVAT-JET NACH AUGUSTA IN GEORGIA.
4-9
ER IST ZUR TEILNAHME AM MASTERS-GOLFTURNIER EINGELADEN ...
ICH BIN NOCH NIE ZUVOR IN AUGUSTA GEWESEN...
WAHRSCHEINLICH ÜBERNACHTE ICH BEI ARNOLD UND WINNIE!
SCHULZ

PEANUTS

HIER IST DER WELTBERÜHMTE GOLF-PROFI UNTERWEGS, UM EINE ÜBUNGSRUNDE BEIM MASTERS-TURNIER ZU SPIELEN.

HEUTE SPIELE ICH WAHRSCHEINLICH MIT ARNIE ODER SAM ODER BEN...

NATÜRLICH SPIELEN SIE NICHT IMMER GERN MIT MIR...

SIE HASSEN ES, WENN ICH WEITER SCHLAGE ALS SIE!

PEANUTS
HIER IST DER WELTBERÜHMTE GOLF-PROFI BEIM ABSCHLAG ZUM ERSTEN LOCH BEIM MASTERS-TURNIER.
4-11
WÄHREND ER DIE ERSTE SPIELBAHN HINUNTERGEHT, FOLGT IHM DIE GROSSE SCHAR SEINER BEWUNDERER, DIE SOGENANNTE "SNOOPY-SCHAR".
GELTEN WINTERREGELN?
SCHULZ

PEANUTS
ZWEITER TAG BEIM MASTERS-GOLFTURNIER IN AUGUSTA, GEORGIA...
4-12
BITTE KEINE FILMKAMERAS!
HIER IST DER WELTBERÜHMTE GOLF-PROFI DABEI, SEINE PUTT-LINIE AUF DEM SECHZEHNTEN GRÜN ZU FINDEN...
SCHULZ

PEANUTS
WAS MACHST DU ZU HAUSE?
4-13
ICH DENKE, DU BIST IN AUGUSTA UND SPIELST BEIM MASTERS-GOLFTURNIER? HAST DU DICH NICHT QUALIFIZIERT?
WIESO SPIELST DU NICHT IN DER ENDRUNDE?
NUN JA, ICH TRAF DA DIESES SÜSSE BEAGLEMÄDCHEN AUS GEORGIA, UND...
SCHULZ

PEANUTS
4-27
ICH HASSE DIESE PAR-5-PLÄTZE, DIE MAN NICHT MIT 42 ERSPIELT.

PEANUTS
SCHIEB!
SCHIEB FESTER AN!
MEIN HAUSMEISTER HAT PROBLEME MIT DEM RASENMÄHER!
5-1
!
SCHULZ

PEANUTS
MEIN PAPS SAGT, DAS LEBEN IST WIE EIN GOLFSPIEL.
9-11
GLAUBST DU, ER HAT RECHT?
ABSOLUT!
© 1972 by United Feature Syndicate, Inc.
UND ICH KOMME MIR VOR, ALS HÄTTE ICH GERADE DIE FÜNF LETZTEN LÖCHER VERSCHLAGEN!
SCHULZ

ES FÄLLT MIR SCHWER ZU GLAUBEN, DASS ES DEN LIEBEN GOTT WIRKLICH INTERESSIERT, WER EIN GOLFTURNIER GEWINNT.

LIEBE GOLF-FANS, ES IST SOWEIT... DER ALTE PROFI MUSS DIESEN SCHLAG SCHAFFEN...
ER IST BEIM LETZTEN PUTT UND KANN NICHT AUF SICHERHEIT SPIELEN... ER MUSS ALLES RISKIEREN, DENN...

MORGEN IST ALLES AUS UND VORBEI!

MORGEN IST ALLES AUS UND VORBEI!

MORGEN IST ALLES AUS UND VORBEI!!

IM FERNSEHEN HABEN SIE GERADE GESAGT, DASS MORGEN ALLES **AUS** UND VORBEI IST!!!

MORGEN IST ALLES AUS UND VORBEI! SIE HABEN ES GERADE IM FERNSEHEN GESAGT!
Tm Reg U S Pat Off —All rights reserved © 1973 by United Feature Syndicate, Inc.
PANIK! PANIK! LAUFT! VERSTECKT EUCH! FLIEHT! LAUFT AUF DIE HÜGEL! FLIEHT IN DIE TÄLER! STEIGT AUF DIE DÄCHER! RETTET EUCH! RETTET EUCH!
IRGENDWIE HATTE ICH NIE DAS GEFÜHL, DASS ES SO ENDEN WÜRDE!
ICH DACHTE, ERST MÜSSTE NOCH ELIAS ERSCHEINEN...
SCHULZ

17

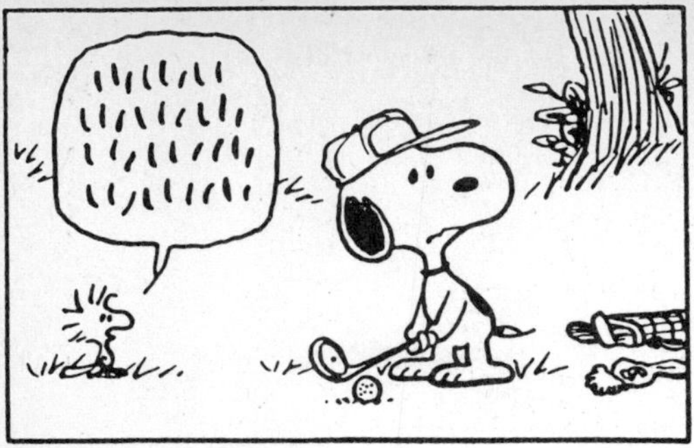

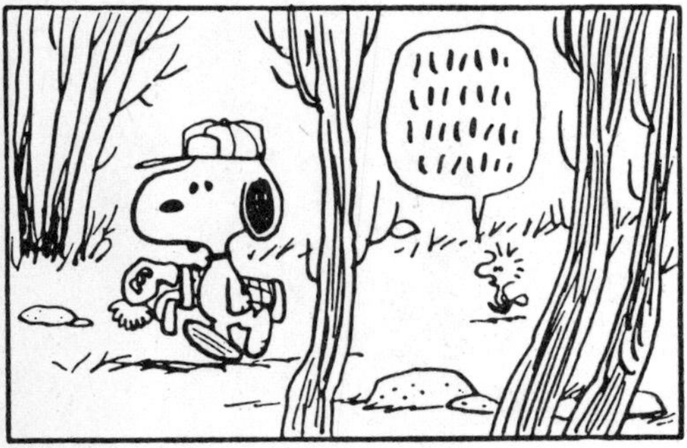

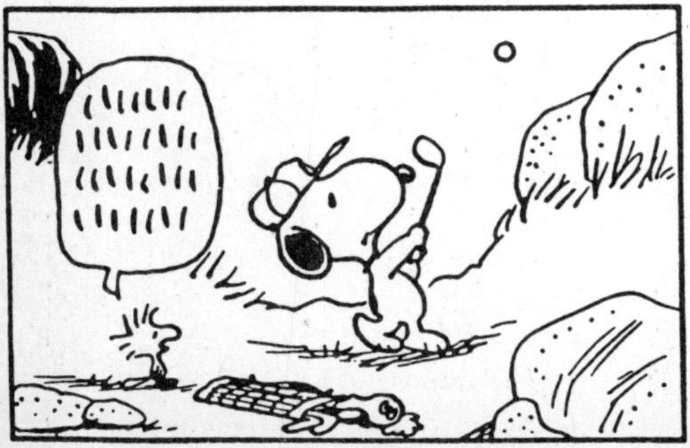

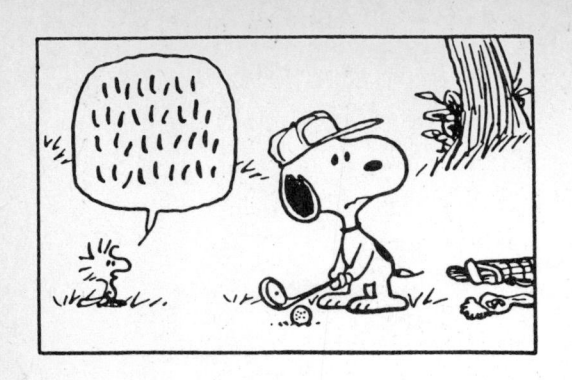

19

20

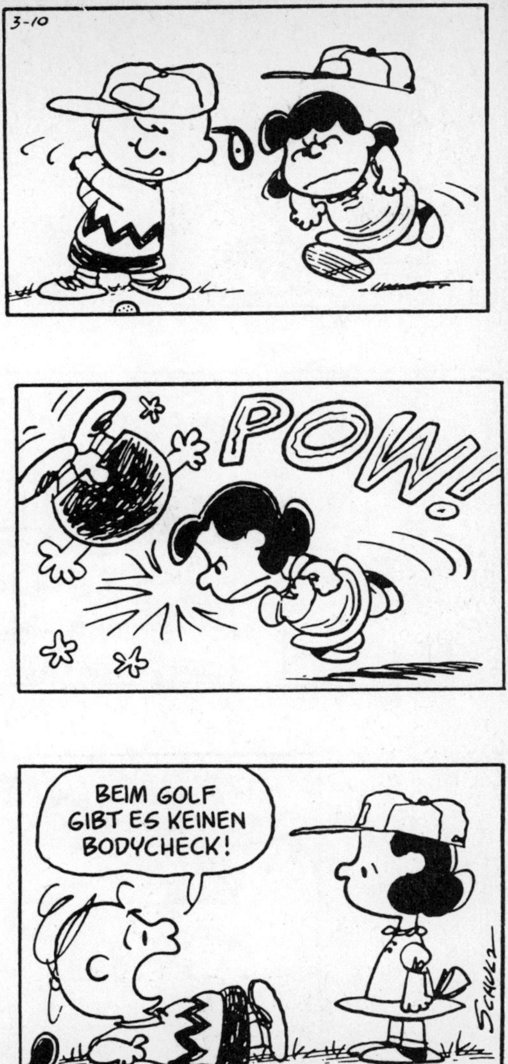
3-10
POW!
BEIM GOLF GIBT ES KEINEN BODYCHECK!
SCHULZ

NUN, WIE WAR'S BEIM GOLF-SPIEL?
HATTEST DU EINEN GUTEN TAG?
4-4
SOGAR EINEN PERFEKTEN!
© 1977 United Feature Syndicate, Inc
ICH HABE KEINE SCHLÄGERSCHUTZHAU-BE VERLOREN!
SCHULZ

DU FÄHRST NACH AUGUSTA, UM BEIM MASTERS-TURNIER ZU SPIELEN?
ICH DACHTE, MAN KANN BEIM MASTERS-TURNIER NUR MITSPIELEN, WENN MAN EINGELADEN IST...
4-5
© 1977 United Feature Syndicate, Inc
DAS STIMMT.
ANDERERSEITS HAT MAN MIR NICHT GESAGT, DASS ICH **NICHT** KOMMEN SOLL!
SCHULZ

© 1977 United Feature Syndicate, Inc
OJEMINE! GEH JA NICHT INS AUS!
4-6
TRIFF EINEN BAUM! TRIFF EIN GEBÄUDE!
TRIFF EINE HAUSFRAU!
SCHULZ

ANDERE GOLF-SPIELER HABEN GLÜCK!
© 1977 United Feature Syndicate, Inc
DIE HABEN CADDIES, DIE DEN FLAGGENSTOCK AUS DEM LOCH NEHMEN.
MEIN CADDIE FÄLLT **INS** LOCH HINEIN!
4-7
SCHULZ

WIE VIELE METER ES WOHL BIS ZUM GRÜN SIND...
© 1977 United Feature Syndicate Inc
4-8
ZWEIHUNDERTNEUNUND-ZWANZIGEINHALB METER!
SCHULZ

WAS MACHST DU ZU HAUSE?
ICH DACHTE, DU SPIELST IN AUGUSTA BEIM MASTERS-TURNIER ...
4-9
SPIELTE ICH AUCH...
© 1977 United Feature Syndicate, Inc
DREITAUSEND KAMEN NICHT IN DIE ENDRUNDE!

© 1977 United Feature Syndicate, Inc.
ICH WERDE ALS CADDIE ARBEITEN, MARCIE!
DAS IST EIN BEWERBUNGS-FORMULAR FÜR DEN COUNTRY-CLUB.
KÖNNEN SIE DENN EINE TASCHE VOLLER GOLFSCHLÄGER TRAGEN, MEIN HERR?
6-13
TRAGEN?! ICH DACHTE, CADDIES FAHREN NUR DEN GOLFWAGEN...
SCHULZ

KOMM MIT, MARCIE!
6-14
WIR GEHEN JETZT ZUM COUNTRY-CLUB UND WERDEN DORT CADDIES... SO MACHEN WIR EIN VERMÖGEN!
ICH KANN EIN PAR NICHT VON EINEM BIRDIE UNTERSCHEIDEN, MEIN HERR...
© 1977 United Feature Syndicate, Inc.
DAS SIND BOWLINGAUSDRÜCKE, MARCIE... BRING MICH NICHT IN VERLEGENHEIT!
SCHULZ

DAS MUSS DER COUNTRY-CLUB SEIN, MEIN HERR.
ICH GLAUBE, DU HAST RECHT, MARCIE...
© 1977 United Feature Syndicate, Inc.
6-15
ZIEMLICH AUFFÄLLIGER EINGANG! ECHTE STEINSÄULEN UND EIN ECHTES MESSINGSCHILD.
ACE COUNTRY-CLUB
SCHULZ

PROFI-ABTLG.
JA, MEIN HERR, WIR MÖCHTEN CADDIES WERDEN.
WIR GLAUBEN, WIR SIND FÜR DEN JOB VOLLAUF GEEIGNET!
6-16
WIR SIND NICHT FAUL, NICHT UNZUVERLÄSSIG, NICHT UNHÖFLICH...
© 1977 United Feature Syndicate, Inc.
SAGEN SIE IHM AUCH, DASS WIR KEINEN WEIN TRINKEN, MEIN HERR!
WAS?
SCHULZ

© 1977 United Feature Syndicate, Inc.
PROFI-ABTLG.
ZUM OBER-CADDIE, JA MEIN HERR.
ER SAGTE, WIR SOLLTEN UNS BEIM OBER-CADDIE MELDEN, MARCIE.
BIST DU DER OBER-CADDIE? WIR SIND DIE BEIDEN NEUEN CADDIES...
6-17
IHR JUNGS SEID JA MÄDCHEN!
HAUEN SIE IHM KEINE RUNTER, MEIN HERR!
SCHULZ

ALSO CADDIES, JA?
© 1977 United Feature Syndicate, Inc.
GUT, IHR KOMMT GERADE ZUR RECHTEN ZEIT... MRS. BARTLEY UND MRS. NELSON SUCHEN CADDIES.
6-18
ER SAGTE, WIR SOLLTEN IHRE SCHLÄGER PACKEN UND ZUM ERSTEN MAL KOMMEN, MARCIE...
1
ICH GLAUBE, WIR HABEN PROBLEME, MEIN HERR!
SCHULZ

© 1977 United Feature Syndicate, Inc.
SIND DAS IHRE SCHLÄGER, MRS. NELSON?
JA, GNÄ' FRAU, ICH BIN IHR CADDIE. MEINE FREUNDIN MARCIE IST DER CADDIE VON MRS. BARTLEY.
6-20
ALSO LOS, MARCIE...
REDEN SIE WEITER, MEIN HERR! ICH FOLGE DEM KLANG IHRER STIMME!
SCHULZ

GUT GEMACHT, MARCIE. BIS ZUM ERSTEN TEE HAST DU ES GESCHAFFT...
HIER IST IHR ANSPIEL-SCHLÄGER, MRS. NELSON...
6-21
MARCIE, GIB MRS. BARTLEY IHREN ANSPIELSCHLÄGER!
SCHULZ
© 1977 United Feature Syndicate, Inc.

WESHALB STREITEN DIE BEIDEN DAMEN, MEIN HERR?
MRS. NELSON WILL PLUS-PUNKTE, ABER MRS. BART-LEY GESTEHT IHR KEINE ZU...
© 1977 United Feature Syndicate, Inc.
DAS IST SEHR WICHTIG, DENN SIE SPIELEN UM EINEN GROSCHEN PRO LOCH...
6-22
GEBEN SIE IHR KEINE, GNÄ'FRAU!
DAS GEHT DICH GAR NICHTS AN, MARCIE!
SCHULZ

IST DAS NICHT GROSSARTIG, MARCIE?
© 1977 United Feature Syndicate, Inc.
WIR SIND ECHTE CADDIES, WIR SIND AN DER FRISCHEN LUFT, UND WIR VERDIENEN GELD...
ICH KANN NICHT WEITER, MEIN HERR!
WIE BITTE?
6-23
ICH MUSS GEGEN EINEN BAUM ODER SOWAS GELAUFEN SEIN.
SCHULZ

ICH HABE IHREN BALL GEFUNDEN, GNÄ'FRAU!
© 1977 United Feature Syndicate, Inc.
6-24

ABER DANN HABE ICH IHN WIEDER VERLOREN.

ICH HABE IHN WIEDERGE-FUNDEN, ABER DANN WIE-DER VERLOREN, GNÄ' FRAU!

WENN ICH IHN WIE-DERFINDE, SCHLA-GEN SIE BITTE SCHNELL ZU, BE-VOR ICH IHN WIE-DER VERLIERE.
DU BIST MERK-WÜRDIG, MARCIE.
SCHULZ

WAS IST DAS, MEIN HERR?
DAS IST EIN WASSER-HINDERNIS, MARCIE.
OJE-MINE!
© 1977 United Feature Syndicate, Inc.
SCHLAGEN SIE IHREN BALL NICHT INS WASSER, GNÄ' FRAU! ICH BIN EIN CADDIE, KEIN U-BOOT! HAHAHAHA!
6-25
NUR EIN KLEINER SCHERZ ZU IHRER ENTSPANNUNG, GNÄ' FRAU.
SCHULZ

♫ "HERE WE ALL WORK 'LONG THE MISSISSIPPI" ♪
© 1977 United Feature Syndicate, Inc.

STILL, MARCIE! MIT "OLD MAN RIVER" STÖRST DU DIE SPIELER!
6-27
BEI WELCHEM LOCH SIND WIR, MEIN HERR?
BEI NUMMER DREI.

ES IST EIN PAR-5 UND GEHT DIE GANZE STRECKE BERGAUF!
WESHALB RUFEN WIR KEIN TAXI, MEIN HERR?
SCHULZ

© 1977 United Feature Syndicate, Inc.
AAAGH!
6-28
WAS MACHST DU IN DER SANDFALLE, MARCIE?
DA WAR WOHL DIE TÜR OFFEN, GLAUBE ICH.
SCHULZ

MEIN HERR?
© 1977 United Feature Syndicate, Inc.

WESHALB SCHREIEN SICH DIE BEIDEN DAMEN AN?
6-29

SIE STREITEN ÜBER DIE PUNKTEZÄHLUNG.

SCHUBSEN SIE SIE EINFACH IN DEN SEE, GNÄ' FRAU!
HALT DU DICH DA RAUS, MARCIE!
SCHULZ

SCHAU, MARCIE!

MRS. BARTLEY VERSUCHT, MRS. NELSONS KOPF IN DEN BALLWÄSCHER ZU STECKEN!

SCHAU! MRS. NELSON TRAMPELT MIT IHREN GOLFSCHUHEN AUF MRS. BARTLEYS GOLFSCHUHEN HERUM!

WISSEN SIE, WAS MIR SORGEN MACHT, MEIN HERR? DAS IST ERST DAS VIERTE LOCH!

SCHAU, MRS. NELSON KLETTERT AUF DEN BAUM!
7-1
SIE KLETTERT AUF DEN BAUM, UM VOR MRS. BARTLEY ZU FLIEHEN...
ICH HAB MICH GEIRRT...
© 1977 United Feature Syndicate, Inc.
SIE KLETTERTE AUF DEN BAUM, DAMIT SIE AUF SIE HERUNTERSPRINGEN KONNTE!
SCHULZ

HÖREN SIE ZU STREITEN AUF, MEINE DAMEN!

DA! TRAGEN SIE IHRE SCHLÄGER SELBST! ICH KÜNDIGE!

UND ICH MÖCHTE EINEN DOLLAR FÜR DIE VIER LÖCHER, BEI DENEN ICH CADDIE WAR!

UND ICH NEHME KEINE KREDITKARTEN AN!!

DER JOB ALS CADDIE WAR SCHWER, MEIN HERR!
WIR HABEN BEIDE EINEN DOLLAR VERDIENT, MARCIE... DAS WAR GAR NICHT ÜBEL!
© 1977 United Feature Syndicate, Inc
MOMENT MAL, MÄDCHEN! WAS IST MIT DEM OBER-CADDIE? ICH BEKOMME DIE HÄLFTE DAVON!
7-4
WO MAN BEI DIESEM GOLF-KURS HINKOMMT, SIND HINDERNISSE.
SCHULZ

DIE HÄLFTE?
© 1977 United Feature Syndicate, Inc.
WESHALB SOLLTEN WIR DIR DIE HÄLFTE UNSERES GELDES GEBEN? MEHR ALS ZEHN PROZENT HAST DU NICHT VERDIENT!
7-5
UND ICH SAGE, DIE **HÄLFTE**, KLEINES FENSTERAUGE! WAS WILLST **DU** DAGEGEN TUN? MICH **SCHLAGEN**?
NEIN. DAS MACHE **ICH!!**
SCHULZ
ZACK!

ALSO HABEN WIR DEM OBER-CADDIE ZEHN PROZENT GE-GEBEN.
© 1977 United Feature Syndicate, Inc.
SO HAT JEDE VON UNS NEUNZIG CENT VERDIENT. WAS MACHST DU MIT DEM GANZEN GELD, MARCIE?
7-6
GOLF SCHEINT EIN GUTES LEBEN ZU SEIN... ICH GLAU-BE, ICH KAUFE MIR SELBST EI-NEN GOLFBALL UND SCHLIESSE MICH DEM GOLFZIRKUS AN!
DU BIST MERKWÜRDIG, MARCIE.
SCHULZ

WIE KAM ES, DASS ICH ALS WURFMAL EINER BLÖDEN KINDERMANNSCHAFT ENDETE?

"GEH ZUM SPORT", SAGTE MEIN VATER. "DA GIBT ES GELD ZU SCHEFFELN."

WESHALB WURDE ICH KEIN GOLFGRÜN IN PEBBLE BEACH ODER EIN SPIELFELD IN WIMBLEDON? NA JA, ES HÄTTE SCHLIMMER KOMMEN KÖNNEN...

ICH HÄTTE DAS PLEXIGLAS HINTER EINEM EISHOCKEY-NETZ WERDEN KÖNNEN.

EIN SCHÖNER TAG FÜRS GOLFSPIEL... ICH VERSTEHE DICH NICHT...
4-26
DU BIST JUNG, VOLLAUF GESUND...
DU HAST KEINE ALLERGIEN, ISST GUT, SCHLÄFST GUT UND BESITZT DEIN EIGENES HEIM.
UND DA WILLST DU EINE PUNKTVORGABE?!
© 1980 United Feature Syndicate, Inc.

CADDIE HÜTTE

ICH WAR IMMER SICHER, ICH WÜRDE GROSS WERDEN...

ICH HATTE IMMER GE-HOFFT, ICH WÜRDE MAL EIN GIGANTI-SCHER RED-WOOD-BAUM.

EIN GUTER CADDIE SOLLTE JEDEN ZENTIMETER DES GOLF-KURSES AUSWENDIG KENNEN.
DAS SEHE ICH EIN, MEIN HERR.
ER SOLLTE JEDEN BAUM UND BUNKER ENTLANG DES PLATZES KENNEN...
WAS IST MIT DEM KLEINEN BAUM DA DRÜBEN, MEIN HERR?
SOLCHE BÄUME GIBT ES AUF JEDER SPIEL-BAHN, MARCIE. SIE SAGEN DEM GOLFER, DASS ER NOCH 150 YARD VOM GRÜN ENTFERNT IST.
4-6

ICH WEIGERE MICH, DAS ZU GLAUBEN!

MEINE MUTTER HAT MICH NICHT AUFGEZOGEN, DAMIT ICH EINE 150-YARD-MARKIERUNG WERDE!

?
WAS MACHST DU DA, MARCIE?
MEIN FUSS STECKT IM SCHUH-PUTZGERÄT FEST.
4 13

DAS IST KEIN SCHUHPUTZGERÄT, SONDERN EIN BALLWÄSCHER! SO, JETZT ZIEH DEINEN FUSS AUS DEM SCHUH...

WENN DU EIN CADDIE WERDEN WILLST, MUSST DU NOCH VIEL LERNEN, MARCIE!

SOBALD JETZT MRS. BARTLEY IHREN PUTT GESPIELT HAT, NIMMST DU DEN BALL UND SÄUBERST IHN FÜR SIE, BEVOR SIE IHN AUF DAS NÄCHSTE TEE LEGT.

GEBEN SIE HER, MRS. BARTLEY...
SO IST'S GUT...
WEIA!!
WAS DENN NUN?
NACHDEM ICH DEN BALL AUS DER WEISSEN HÜLLE GEHOLT HATTE, BEKAM ICH IHN NICHT MEHR HINEIN...
SCHULZ

TOLLER SCHLAG, MRS. BARTLEY.
NICHT SO TOLL, MRS. NELSON.
WIR WERDEN DEN GANZEN TAG HIER SEIN.
HE! WAS WAR DAS?

JEMAND HINTER UNS WILL VORBEISPIELEN...
WER DENN, MEIN HERR?
DER MISSMUTIGSTE SPIELER IM CLUB! ER MEINT, MRS. BARTLEY UND MRS. NELSON SPIELEN ZU LANGSAM...
ICH GLAUBE, ER HASST GOLFERINNEN...
IST ER WIRKLICH DER MISSMUTIGSTE SPIELER IM CLUB?
4-20

ZUR SEITE, MARCIE... DIE DAMEN LASSEN IHN VORBEISPIELEN.
ICH MÖCHTE NUR SEHEN, WER ES IST.
© 1980 United Feature Syndicate, Inc.

SCHULZ

HAST DU GEHÖRT, WAS MIR DER JUNGE NACHGERUFEN HAT?
ICH HAU IHM EINE RUNTER...
VIELLEICHT MAG ER SIE, MEIN HERR...
9-30
VIELLEICHT SOLLTE, WAS ER SAGTE, EIN KOSENAME SEIN...
© 1980 United Feature Syndicate, Inc.
"GOLFBALLNASE" IST KEIN KOSENAME!
SCHULZ

SCHON WIEDER EIN GOLF-TURNIER?
DAS MUSS DIESES JAHR DAS LETZTE SEIN, HM?
10-6
BEI WELCHER ART TURNIER SPIELST DU DENN?
BEIM TURNIER DER GEMISCHT-WARENHÄNDLER.
© 1980 United Feature Syndicate, Inc.
SCHULZ

SIEH DIR DAS AN, MARCIE... DIESE FRAU HAT GERADE MIT GOLFSPIELEN DREISSIG-TAUSEND DOLLAR VERDIENT!
DAMENSPORT IST IM AUF-WIND, MARCIE.
© 1981 United Feature Syndicate, Inc.
6-15
GOLF IST IM AB-WIND, MEIN HERR.
BITTE KEINE WORTSPIELE, MARCIE.
SCHULZ

ICH WERDE EINE BERÜHMTE GOLFERIN...
DAHER, LIEBE LUCILLE, STEHT ZWEIFELSOHNE FEST, DASS ICH DIESEN GOLFBALL NÖTIGER HABE ALS DU...
SECHZEHN, SIEBZEHN, ACHTZEHN, NEUNZEHN...
6-16
?
© 1961 United Feature Syndicate, Inc.

EIN GUTER GOLFER MUSS SANDSCHLÄGE ÜBEN.
6-17
© 1981 United Feature Syndicate, Inc.
GUTER SCHUSS.
DANKE.
SCHULZ

NÄCHSTE WOCHE NEHME ICH AN EINEM KINDER-GOLF-TURNIER TEIL. SOWIE ICH GEWONNEN HABE, WERDE ICH PROFI...
UND DAS COLLEGE, MEIN HERR? MAN DARF DIE AUSBILDUNG NICHT VERNACHLÄSSIGEN, MEIN HERR...
6-18
MARCIE, AUFS COLLEGE KANN ICH IMMER NOCH GEHEN, WENN ICH REICH UND BERÜHMT BIN.
SIE SIND MERKWÜRDIG, MEIN HERR.
SCHULZ
© 1981 United Feature Syndicate, Inc.

WENN ICH IHR CADDIE SEIN SOLL, MEIN HERR, SOLLTE ICH VIELLEICHT EINIGE GOLFSPRÜCHE LERNEN.
"DER ABSCHLAG IST ZUR SHOW DA, DER PUTT FÜR DIE KNETE."
6-19
DAS WAR GUT, MARCIE... WAS HAST DU SONST NOCH GELERNT ?
VORSICHT !
© 1981 United Feature Syndicate, Inc.
SCHULZ

DA STEHT'S IN DER ZEITUNG, MARCIE. ABSCHLAG IST AM MONTAG FRÜH UM NEUN UHR.
WIR SPIELEN ABER NICHT IN ST. ANDREWS, ODER, MEIN HERR?
6-20
KAUM, MARCIE.
© 1981 United Feature Syndicate, Inc.
DAS IST GUT, DENN ICH MUSS UM FÜNF ZU HAUSE SEIN.
PASS AUF DEN BALL AUF, MARCIE.
SCHULZ

HALLO, ICH BIN PEPPERMINT PATTY... WIR SPIELEN WOHL IN DER GLEICHEN DREIER-GRUPPE...
KOMM MIR NICHT ZU NAHE! DU KÖNNTEST AUF MEINE GOLFSCHUHE TRETEN ODER MEINEN WEISSEN ROLLKRA-GENPULLI BESCHMUTZEN...
6-22
© 1981 United Feature Syndicate, Inc.
MAN HAUT AM ERSTEN TEE KEINEN MITSPIELER, MEIN HERR!
SCHULZ

TAG! DU MUSST DAS MASKIERTE WUNDER SEIN, JA? ICH HÖRTE, DASS DU BEI DIESEM TURNIER MITSPIELST...
ER KOMMT MIR IRGENDWIE BEKANNT VOR. MIT DER MASKE ÜBER DEM GESICHT IST ER ABER NICHT ZU ERKENNEN.
SEIN CADDIE KOMMT MIR AUCH BEKANNT VOR, MEIN HERR...
6-23
1
SCHULZ

WER BIST DU, KLEINE?
ICH BIN EIN CADDIE. UND DU?
ICH BIN CADDIE VON JOE WELLWORTH... ER WIRD DIESES TURNIER GEWINNEN!
6-24
DAS MEINST AUCH NUR DU! FRAUENGOLF IST IM AUFWIND, DU KLITZKOPF!!
"KLITZKOPF"?
SCHLAGEN SIE EINE MEILE WEIT, MEIN HERR!
SCHULZ
© 1981 United Feature Syndicate, Inc.

OKAY, BEIM ERSTEN LOCH HABE ICH NEUN GESPIELT... WER ZÄHLT DIE PUNKTE MIT?

DAS SOLL DAS MASKIERTE WUNDER TUN. ER HAT EIN EHRLICHES GESICHT...

HIER, MASKIERTES WUNDER. SCHREIB DIE ERGEBNISSE AUF... WIR HABEN ALLE BEIM ERSTEN LOCH EINE NEUN GESPIELT...

WIE SCHREIBT MAN EINE NEUN?

WANN GIBT ES MITTAG-
ESSEN, MEIN HERR?
© 1981 United Feature Syndicate, Inc.
MITTAGESSEN?! WIR SIND DOCH
ERST BEIM ZWEITEN LOCH,
MARCIE!
SCHAU DIR DEN SCHLAG AN!
WAR DAS NICHT TOLL?
6-26
SO TOLL WIE EIN TELLER
VOLLER FRITTEN, MEIN
HERR...
SCHULZ

WIE BIST DU DENN CADDIE GEWORDEN, KLEINE?
MEINE FREUNDIN BAT MICH, ZU HELFEN.
6-27
WAS IST MIT DIESEM MERKWÜRDIG AUSSEHENDEN JUNGEN?
© 1981 United Feature Syndicate, Inc.
ER HAT SEINE EIGENE FIRMA. ARBEIT ALS CADDIE IST FÜR IHN EIN NEBENERWERB.
Spikes Immobilien
"WIR HABEN WAS FÜR SIE."
Needles, Kalif.
SCHULZ

BEDAURE, JOE WELLWORTH... DEIN ABSCHLAG GING INS AUS...
!
BEDAURE, MASKIERTES WUNDER... DEIN ABSCHLAG LANDETE GERADE IM AUS.
!
BEDAURE, PATRICIA, DEIN ABSCHLAG LANDETE GERADE IM AUS.
6-29
DAS IST DIE TRAURIGSTE GRUPPE, DIE ICH JE GESEHEN HABE.
© 1981 United Feature Syndicate, Inc.

ICH GLAUBE, DIE PUTTLINIE ZIEHT NACH RECHTS, MARCIE...
NEIN, NACH LINKS, MEIN HERR.
ICH GLAUBE, ES GEHT ETWAS BERGAUF, MARCIE...
ES GEHT BERGAB, MEIN HERR.
ER GEHT INS LOCH, MARCIE!
ER GEHT DANEBEN, MEIN HERR!
6-30
WAS BIST DU FÜR EIN MERKWÜRDIGER CADDIE, MARCIE?!
EIN TYPISCHER.
© 1981 United Feature Syndicate, Inc.

MAL SEHEN... ERST HABE ICH ÜBERS GRÜN GESCHLAGEN... UND DANN...
HE, MASKIERTES WUNDER! WIE VIELE PUNKTE HATTE ICH BEIM VIERTEN LOCH? LASS MICH MAL DEINE PUNKTEKARTE SEHEN...
© 1981 United Feature Syndicate, Inc.
7-1
ICH DACHTE, ICH HÄTTE DREI, ABER WAHRSCHEINLICH HAST DU RECHT...
SCHULZ

> WENN DAS TURNIER ZU ENDE IST, WESHALB GEHEN WIR BEIDE DANN NICHT GEMEINSAM AUS, WITZGESICHT?

> AAAGH

> HE, MEIN CADDIE IST MIT ALL MEINEN SCHLÄGERN IN DEN SEE GEFALLEN! WAS TU ICH JETZT?

> DU DARFST NICHT UM RAT BITTEN, JOE. DAS BRINGT ZWEI STRAFPUNKTE!

DEIN BLÖDER CADDIE HAT MEINE SCHLÄGER IN DEN SEE GEWORFEN!
SEIN CADDIE HAT MICH BELEIDIGT, MEIN HERR!
ICH GEBE ZU, ICH HÄTTE IHRE SCHLÄGER NICHT HINTER IHM HERWERFEN SOLLEN...
WAS?
7-3
ICH HÄTTE GEWINNEN KÖNNEN! ICH WOLLTE PROFI UND REICH WERDEN!
!
© 1981 United Feature Syndicate, Inc.
VIELLEICHT MÖCHTEN SIE IHR GELD IN ERLESENEN IMMOBILIEN NAHE NEEDLES ANLEGEN? HIER MEINE KARTE!
SCHULZ

SIEH NUR, WIE JOANNE CARNER DIESEN GOLF-BALL SCHLÄGT!
AUCH ICH HÄTTE EIN BERÜHMTER PROFI WERDEN KÖNNEN WENN DU MEINE SCHLÄGER NICHT INS WASSER GEWORFEN HÄTTEST, MARCIE...
SIE HABEN NOCH VIEL ZEIT, MEIN HERR... DAMENGOLF IST NOCH IM AUFWIND...
© 1981 United Feature Syndicate, Inc.
7-4
GOLF IST IM ABWIND, MARCIE...
BITTE KEINE WORT-SPIELE!
SCHULZ

MANCHE CHIRURGEN SAGEN, DASS SIE HEUTE HÄRTER ARBEITEN ALS FRÜHER, DAFÜR ABER WENIGER VERDIENEN...

HAT SICH DEIN EINKOMMEN VERÄNDERT?

JA. LETZTE WOCHE MUSSTE ICH ACHTZEHN LÖCHER MIT EINEM FELDBALL SPIELEN.
SCHULZ
11-19

SCHÖNER SCHLAG! DER BALL FLIEGT DIREKT AUFS GRÜN...
OH, OH! DAS WAR ABER PECH!
7-13
ER HAT EINE ENTE AM KNIE GETROFFEN UND PRALLTE RICHTUNG SEE AB!
ICH WUSSTE JA GAR NICHT, DASS ENTEN **KNIE HABEN**!
SCHULZ
© 1982 United Feature Syndicate, Inc.

HIER STEHT, DASS ES IN AMERIKA 21 MILLIONEN GOLFSPIELER GIBT...
9-3
SCHULZ

JA. UND DIE SPIELEN ALLE IN DER GRUPPE VOR MIR!
© 1988 United Feature Syndicate, Inc.

HIER STEHT, DASS NOAH NEUNHUNDERT-FÜNFZIG JAHRE ALT WURDE.
5-16
© 1988 United Feature Syndicate, Inc.

DANN HÄTTE ER BEI DEN SENIOREN MITSPIELEN KÖNNEN.
SCHULZ

MIT ETWAS PHANTASIE KANN MAN GANZ ALLEIN BALL SPIELEN, INDEM MAN EINEN GOLFBALL VON DEN STUFEN ABPRALLEN LÄSST.
LETZER WURF IM NEUNTEN INNING, DIE MALE SIND BESETZT, ES STEHT 3 ZU 2, "AS" BROWN WIRFT...
© 1982 United Feature Syndicate, Inc.
BONK!
8-12
SELBST MEINE PHANTASIE IST GEGEN MICH...
SCHULZ

WIR KÖNNEN NICHT MEHR AUF DER FREIEN WIESE BALL SPIELEN, WEIL DER BESITZER BEFÜRCHTET, SEINE VERSICHERUNG WÜRDE UNS NICHT EINSCHLIESSEN...

AUSSERDEM WURDE UNSER SCHIEDSRICHTER VERWARNT UND DAS "DESIGN-KONTROLL-KOMITEE" HATTE UNSERE SPIELERBANK ALS UNMÖGLICH ABGELEHNT.

UND JETZT SPIELST DU ALSO NUR NOCH BALL, INDEM DU EINEN GOLFBALL VON DEN STUFEN HÖPFEN LÄSST, CHARLES?

BIS VOR EINER MINUTE, JA...

EINEN GOLFBALL GEGEN DIE STUFEN SCHMETTERN IST GUT FÜR MEINE REFLEXE.

AUSSER, JEMAND ÖFFNET DIE VORDERTÜR, MAN VERFEHLT DIE STUFEN...

... DER BALL SEGELT DURCHS WOHNZIMMER IN DIE KÜCHE, TRIFFT DORT MEINE SCHWESTER AM BEIN...

... UND SIE WIRFT ZURÜCK!!

NIMM BITTE DIE FLAGGE HERAUS.

OKAY, DU KANNST DEN FLAGGENSTOCK WIEDER HINEINSTELLEN.

1983 United Feature Syndicate, Inc
GUTE CADDIES SIND HEUTE IRRSINNIG SCHWER ZU FINDEN...

ICH GLAUBE, MEINE ZUKUNFT LIEGT IN DER FÖRDERUNG DES SPORTS, MARCIE.
ICH GLAUBE, DAFÜR HABE ICH DIE GEEIGNETE PERSÖNLICHKEIT...
BEFEHLEND.
WIE BITTE?
© 1983 United Feature Syndicate, Inc.
6-17
SIE WERDEN GROSSARTIG SEIN, MEIN HERR!

ICH GLAUBE, ICH KANN WAS FÜR DEN DAMENSPORT TUN, MARCIE...
© 1983 United Feature Syndicate, Inc.
DAS IST MEIN NEUES KONZEPT FÜR EIN GOLFTURNIER DER DAMEN...
SIEHST DU? SO WIE ICH ES AUSGEARBEITET HABE, BEKOMMT SELBST DIE SPIELERIN, DIE ALS LETZTE DURCHS ZIEL KOMMT, EINE MILLION DOLLAR!
6-18
SIE SOLLTEN LIEBER NOCH EINE QUALIFIKATIONSRUNDE VORSCHALTEN, MEIN HERR...
SCHULZ

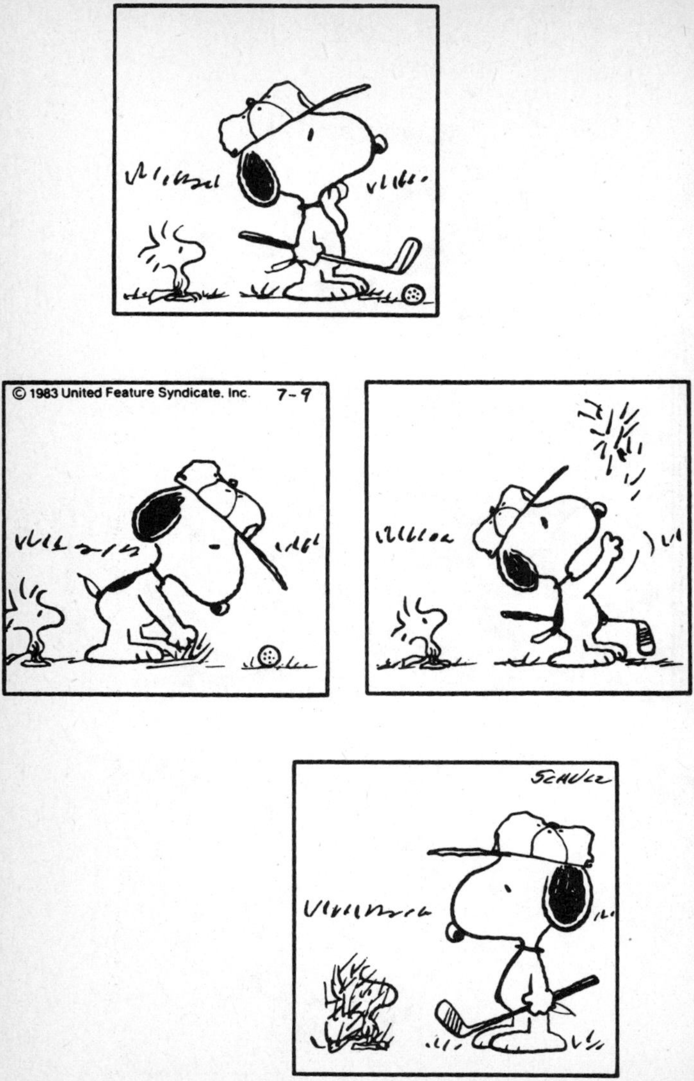
7-9
SCHULZ

7-29
PLOPP!
EIN GROSSARTIGER PUTT! WIE SCHAFFST DU DAS BLOSS?
NERVEN WIE GRAPHIT!
SCHULZ

MANCHMAL IST ES EIN FEHLER, WENN MAN IM ROLLKRAGENPULLI GOLF SPIELT...

WENN ES PLÖTZLICH HEISS WIRD, UND MAN IHN ZUR ERLEICHTERUNG ABNEHMEN WILL...

...BRINGT DAS DIE HAARE DURCHEINANDER.

ICH HÖRTE, DU HAST GOLF-UNTERRICHT GENOMMEN.
WAS HAT DIR DER PROFI GERATEN?
HAT ER DICH DRAN ERINNERT, DEN BALL IM AUGE ZU BEHALTEN?
ER SAGTE, ICH SOLLTE DAS TEE LANGSAMER AUFPFLANZEN.
© 1983 United Feature Syndicate, Inc. 9-5
SCHULZ

OKAY, MARCIE, GIB MIR MEINEN TREIBSCHLÄGER UND EINEN BALL...
WAS FÜR EINEN BALL MÖCHTEN SIE, MEIN HERR ?
5-1
IST DOCH GANZ EGAL. IRGENDEINEN EBEN...
© 1984 United Feature Syndicate, Inc.
MARCIE !!
SCHULZ

GUTER SCHLAG.	**DANKE.**

WIE ICH HÖRE, SPIELST DU IM NATIONALEN STAUPE-TURNIER MIT.

GENAU...

ICH SPIELE BEI JEDEM WOHLTÄTIGKEITSTURNIER ZUGUNSTEN EINER KRANKHEIT, DIE ICH BEKOMMEN KÖNNTE, MIT.

TUT MIR LEID, SO WILL ES DIE TURNIERREGEL.
WAS FÜR EINE TURNIER-REGEL IST DENN DAS?
© 1984 United Feature Syndicate, Inc.
DU MUSST ENTWEDER EI-NEN CADDIE HABEN ODER DIE SCHLÄGER SELBST TRAGEN.
8-9
TRANSPORTWÄGELCHEN SIND VERBOTEN?

GOLFTURNIERE KÖNNEN SEHR NERVENAUFREIBEND SEIN...
WIRST DU NERVÖS, WENN DU AM ERSTEN TEE STEHST?
ICH WEISS NICHT...
© 1984 United Feature Syndicate, Inc
8-10
ICH BIN NOCH NIE BIS ZUM ERSTEN TEE GEKOMMEN.
SCHULZ

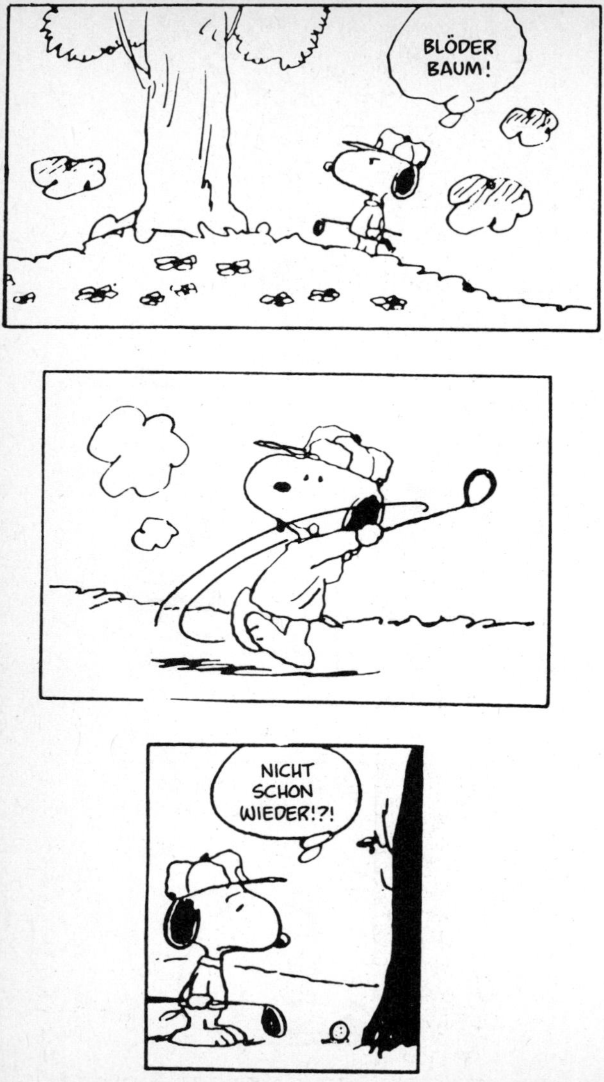
BLÖDER BAUM!
NICHT SCHON WIEDER!?!

JEDER MEINER SCHLÄGE SCHEINT HINTER EINEM BAUM ZU LANDEN...
© 1985 United Feature Syndicate, Inc
DAS HALTE ICH NICHT AUS!

1-20
MANCHMAL GLAUBE ICH, DASS EIN BAUM, SOWIE ICH ZUM SCHLAG AUSHOLE, LOSLÄUFT UND SICH VOR MEINEN BALL STELLT...

DAS IST EIN GROSSARTIGES GOLFLOCH... EINES DER BESTEN DER WELT...

LÄNGS DER SPIELBAHN SIND SCHÖNE EICHEN UND KIEFERN...

DER WEISSE SAND IN DEN BUNKERN BLITZT IM KONTRAST ZU DEN SATTEN GRÜNEN SCHATTIERUNGEN...

BEVOR ICH EIN LOCH BESPIELE, SCHMEICHLE ICH IHM IMMER!

HIER IST DER WELTBERÜHMTE GOLFER UND MACHT SICH ZUM ABSCHLAG BEREIT!
6-5 © 1985 United Feature Syndicate, Inc.
PENG! WAS FÜR EIN SCHLAG!
ALS EINER DER BESTEN WEIT-SCHLÄGER DES PLATZES HAT ER EINEN NEUEN SPITZ-NAMEN...
"JOE GORILLA"
SCHULZ

WO BIST **DU** DENN GEWE-SEN?
ICH BIN DURCH DEN WALD BEIM GOLFPLATZ GEGANGEN UND HABE VERSCHOSSENE BÄLLE GESUCHT, DIE ICH VERKAUFEN KANN...
HAT ES DIR GELD EINGEBRACHT?
© 1985 United Feature Syndicate, Inc.
7-23
GERADE GENUG, UM DIE ZECKENSCHUTZIMPFUNG BEZAHLEN ZU KÖNNEN!

WO IST MEIN CADDIE?
8-23
!
ACH, DA BIST DU!
© 1985 United Feature Syndicate, Inc.
WENN DIE TASCHE ZU SCHWER WIRD, KÖNNEN WIR IMMER NOCH DIE TEES HERAUSNEHMEN...
SCHULZ

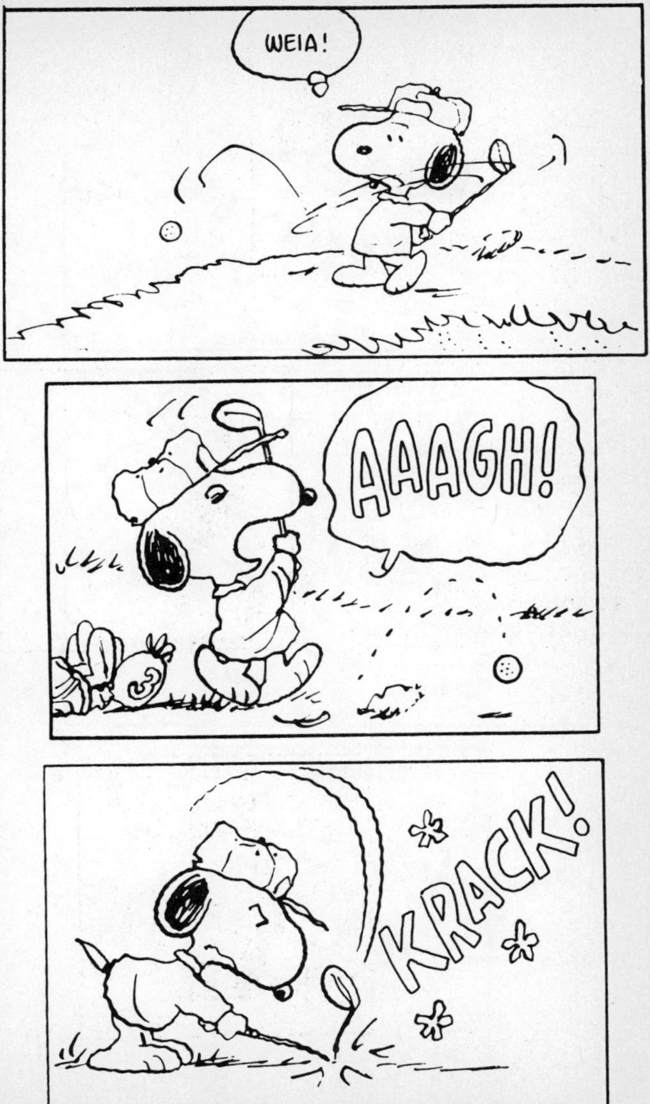
WEIA!
AAAGH!
KRACK!

AHA, DU HAST DIE GEDULD VERLOREN UND DEN SCHLÄ-GER ABGEBROCHEN...
© 1986 United Feature Syndicate,Inc.
HOFFENTLICH HAST DU DARAUS ETWAS GELERNT...
NICHT NUR ICH...

DIE ANDEREN SCHLÄGER PASSEN JETZT BESSER AUF!

WENN DU DEN BALL INS LOCH BRINGST, GEWINNST DU DAS TURNIER...
4-10
DU KANNST ES SCHAFFEN...
© 1986 United Feature Syndicate, Inc.
ICH BIN NICHT SO SICHER...
MAN KANN SCHWER EINEN PUTT SCHLAGEN, WENN EI-NEM DAS HERZ BLUTET!
SCHULZ

WENN ICH EIN MAULWURF WÄRE, WÜRDE ICH NIE EIN LOCH IN DEN BODEN BOHREN.

WENN ES REGNET, FÜLLT SICH DAS LOCH MIT WASSER.

ES IST VIEL SCHLAUER, IN EINEM HANG AUFWÄRTS ZU GRABEN...

AUSSER, MAN RUTSCHT STÄNDIG HERAUS.

10-27 © 1986 United Feature Syndicate, Inc.
WEIA!
ICH SCHLAGE ZWAR EINEN "GEKONNTEN SLICE". LEIDER KONNTE ER NUR 3 KLASSEN BESUCHEN.

113

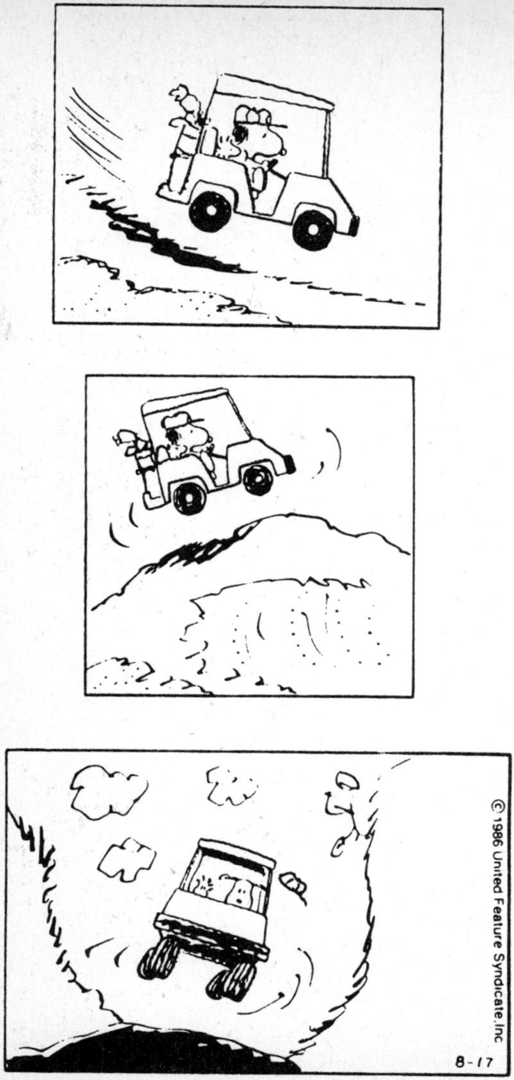
© 1986 United Feature Syndicate,Inc
8-17

WEISST DU NOCH, WO DER GOLFLADEN IST? OKAY, DANN LAUF DORTHIN ZURÜCK...
UND DANN SAG IHNEN, WAS ICH DIR JETZT VOR-SAGE...

EINE OPERATION AM MONTAG?
DAS ÜBERRASCHT MICH, HERR DOKTOR...
KÖNNEN SIE MIR SAGEN, WESHALB SIE DAS IMMER SO MACHEN?
MONTAGS IST DER GOLFPLATZ GESCHLOSSEN...
SCHULZ
6-15

JA, MEIN HERR... ICH MÖCHTE MEINEM VATER GERN EIN DUTZEND GOLFBÄLLE ZUM GEBURTSTAG SCHENKEN...
ER SCHREIT DEN BALL IMMER AN...
"FLIEG! HALT! ROLL! FASS! KOMM ZURÜCK!"
HABEN SIE WELCHE, DIE AUFS WORT FOLGEN?
© 1986 United Feature Syndicate, Inc.

ES GIBT MEISTER-SCHAFTSTEES...
© 1987 United Feature Syndicate, Inc.
ES GIBT REGULÄRE TEES UND DAMENTEES...
ES GIBT SOGAR SENIORENTEES...
ABER WO BLEIBEN DIE BEAGLE-TEES?

ICH HABE EINE GOLDFARBENE RETRIEVER-HÜNDIN ZU HAUSE.

LETZTE WOCHE WURDE SIE SIEGERIN DER STÄDTISCHEN HUNDESCHAU.

DIE WOCHE DAVOR WURDE SIE SIEGERIN DER LANDES-HUNDESCHAU.

SAG IHR, WIE ICH IN PEBBLE BEACH DAS DRITTE LOCH PAR GESPIELT HABE...

WIE NETT... EINE POST-
KARTE VON MEINEM HUND
AUS DEM GOLFERLAGER...

Am ersten Tag hier haben wir nur ein wenig putten geübt.

Heute haben wir die kurzen Eisen ausprobiert.

ER SCHREIBT GAR NICHTS ÜBERS ESSEN UND SCHLAFEN.

10-18
ICH FRAGE MICH, WO MAN SCHLÄFT, WENN MAN IM GOLF-LAGER IST...
SCHULZ
© 1987 United Feature Syndicate, Inc

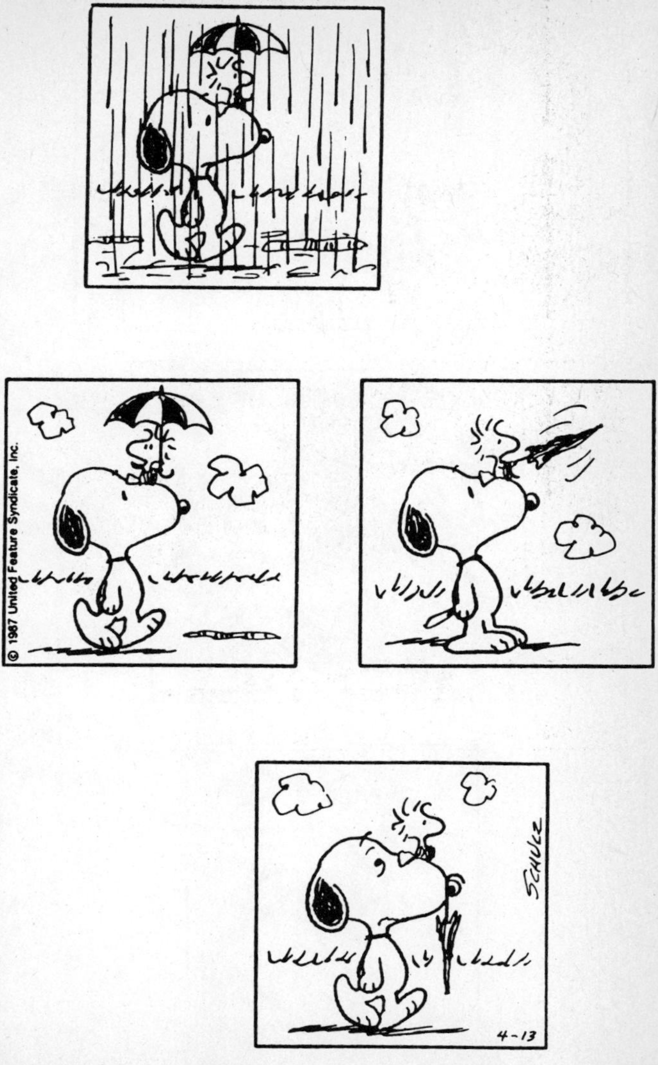
© 1987 United Feature Syndicate, Inc.
SCHULZ
4-13

DIESEN SCHLAG WIDME ICH SAMANTHA.
UND DIESEN SCHLAG WIDME ICH MOLLIE.

UND DIESEN PUTT WIDME ICH HELEN...

UND DIESEN AB-SCHLAG WIDME ICH MARIE...

UND DIESEN WEITSCHUSS WIDME ICH ALICE...

UND DIESEN BIRDIE-PUTT WIDME ICH CYNTHIA...
OB ICH ALL DIESE MÄDCHEN KENNE ?
DAS SIND KEINE MÄDCHEN... DAS SIND FRESSNÄPFE !